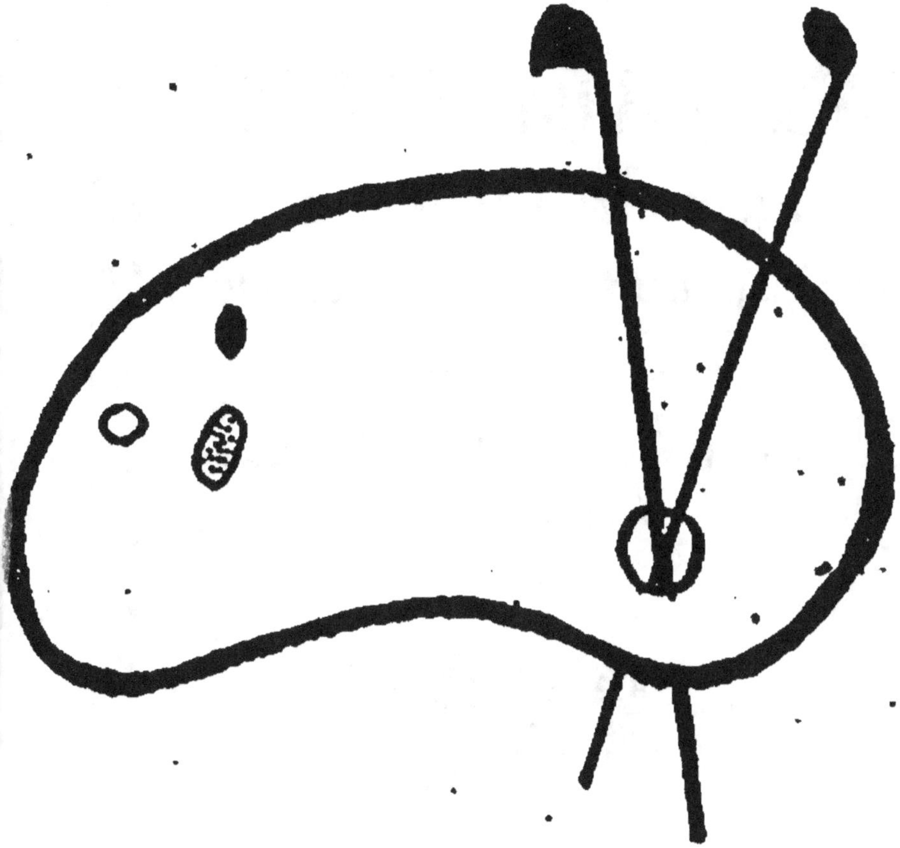

DEBUT D'UNE SERIE DE DOCUMENTS
EN COULEUR

Notice

DE TABLEAUX,

DESSINS, STATUE ANTIQUE,

BRONZES, TERRES CUITES DE CLODION,

ET AUTRES OBJETS DE CURIOSITÉ,

Composant le Cabinet de feu M. Brunet,

ARCHITECTE.

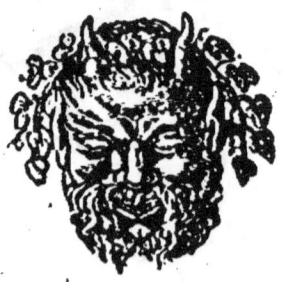

PARIS.

DE L'IMPRIMERIE DE CH. DEZAUCHE,

Faubourg Montmartre, N°. 4.

———•••———

1830.

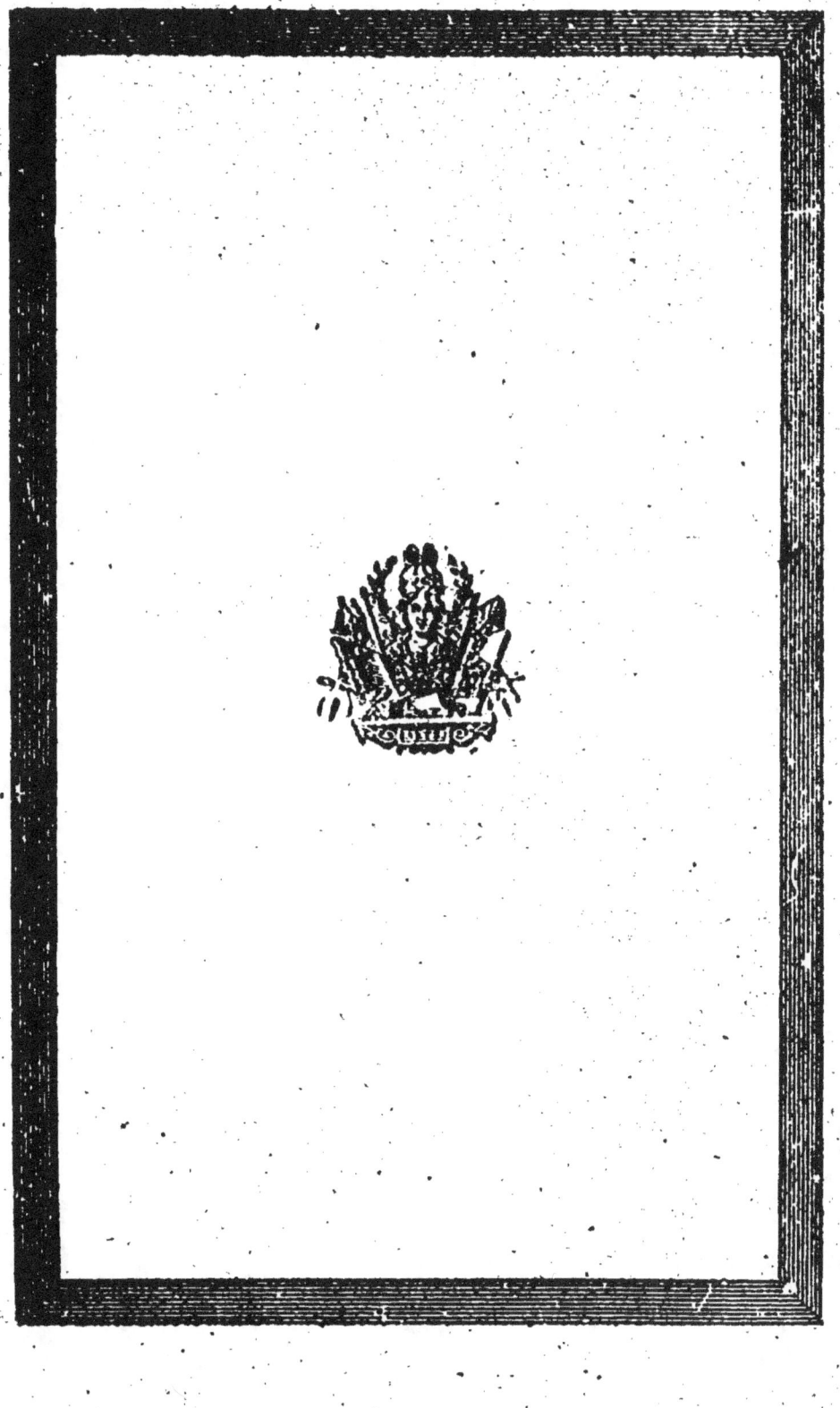

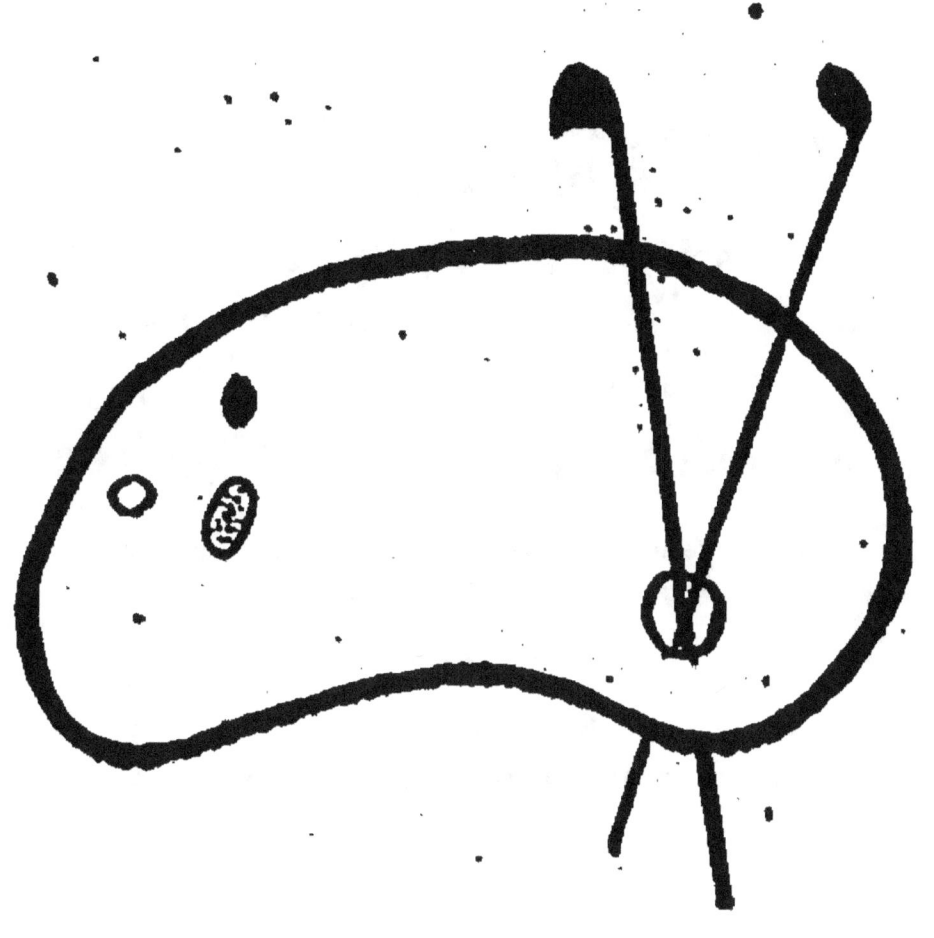

FIN D'UNE SERIE DE DOCUMENTS
EN COULEUR

17 - 18 mars 1830

NOTICE

DE

TABLEAUX,

DESSINS, STATUE ANTIQUE,

BRONZES, TERRES CUITES DE CLODION,

ET AUTRES OBJETS DE CURIOSITÉ,

Composant le Cabinet de feu M. Orunet, Architecte,

Et dont la Vente aux enchères aura lieu les Mercredi 17 et Jeudi 18 Mars 1830, à midi, rue Vaugirard, n. 15.

— ◆ —

Le Public sera admis à voir ce Cabinet les Dimanche 14, Lundi 15 et Mardi 16 dudit mois, de midi à quatre heures de relevée.

Ⓔ

— ◆ —

LA PRÉSENTE NOTICE SE DISTRIBUE :

Chez { M⁰. BONNEFONDS DELAVIALLE, Commissaire-Priseur, rue Saint-Marc, n. 14 ;

M. HENRY, Commissaire-Expert du Musée royal, rue de Bondi, n. 23.

— ◆ —

1830.

IMPRIMERIE DE CH. DEZAUCHE,
RUE DU FAUBOURG-MONTMARTRE, N°. 4.

AVANT-PROPOS.

Dans tous les temps de la longue carrière qu'il a parcourue, feu M. Brunet aima passionnément les productions des beaux arts, notamment les dessins des anciens maîtres des écoles d'Italie. La collection qu'il avait formée dans ce genre de curiosité, était une de celles que les connaisseurs se plaisaient à visiter, tant à cause du bon choix qui la distinguait en général, qu'à cause des morceaux précieux et rares qui en étaient le principal ornement.

Une partie de ces intéressantes productions du génie a disparu du cabinet de feu M. Brunet; il s'en défit il y a cinq ou six ans, et l'a remplacée depuis par des dessins de Prud'hon, artiste dont il avait été l'ami, souvent même l'appui, et pour les ouvrages duquel il avait conçu une extrême prédilection.

Outre les dessins de Prud'hon et beaucoup d'autres qui méritent, au cabinet actuel de feu M. Brunet, l'attention des curieux, on y remarque encore quelques tableaux de l'école française, une esquisse de Rubens, et une statue antique où l'idéal des formes s'unit à la perfection du travail.

Comme amateur, M. Brunet se distingua donc par le goût aussi éclairé que constant qui, au terme d'une longue vieillesse, le rendait encore sensible au charme des beaux arts. Comme homme, comme parent, comme ami, il a laissé dans le cœur des personnes qui ont eu des relations avec lui, des souvenirs et des regrets qui honorent beaucoup mieux sa mémoire que tout ce que nous pourrions écrire à sa louange.

Notice
DE TABLEAUX,
DESSINS, STATUE ANTIQUE, etc., etc.

BOURDON (Sébastien).

1. — Les Israélites dans le désert de Sinaï. Ils se disposent à offrir des sacrifices au Seigneur. L'Arche d'alliance est placée à côté d'un autel et déjà des victimes ont été égorgées.

Autant ce tableau intéresse par sa riche composition, autant il est remarquable sous le rapport de cette légèreté, de cette aisance de pinceau qui est toute particulière aux ouvrages de l'auteur.

✝ CHÉRON (Elisabeth-Sophie).

2. — Le portrait de cette femme célèbre peint par elle même, la palette à la main. *h. 1p 8p. L. 1p. 2p sur une felle couleur s'appelle bergellier*

FRAGONARD (Honoré).

3. — Paysage avec figure : esquisse peinte avec esprit.

✝ JORDAENS (Jacques).

4. — Deux femmes flamandes représentées à mi-corps. L'une d'elles s'appuie familièrement sur l'épaule de l'autre.

On sait que les ouvrages de Jordaens se recommandent par un coloris plein de vérité. *deux demi figures, environ 3p. 6p de haut sur 2p. 6p. de large — la couleur d'une femme brune et celle d'une blonde offre quelque chose de particulier dans l'effet de ce tableau — 1.*

LAFOSSÉ (CHARLES DE).

5. — Les esquisses originales des pendentifs du dôme des Invalides, représentant les quatre évangélistes.

LA HIRE (LAURENT DE).

+ 6. — Deux excellens tableaux représentant l'étude de l'astronomie, et l'étude des sciences et des arts.

LANCRET (GENRE DE)

+ 7. — Repas de famille.

LEBRUN (CHARLES.)

8. — La Vierge Marie près du corps de Jésus descendu de la croix.

+ LESUEUR (EUSTACHE).

9. — Le Commerce et l'Abondance figurés par deux femmes, l'une tenant un cep de vigne garni de fruits et une branche de palmier; l'autre portant un caducée et une corne d'abondance remplie de fleurs et de fruits.

LUCATELLI (ANDRÉ).

10. — Deux paysages enrichis de figures et faisant pendans.

MACHI.

11. — Vue du monument consacré à l'école de Chirurgie à Paris.

+ MIGNARD (PIERRE).

12. — Le Christ et la Samaritaine : ouvrage du meilleur temps de l'auteur.

+ PATEL (PAUL).

13. — Paysage animé par quelques figures. Un ancien édifice tombé en ruines orne la gauche du point de vue.

PIERRE.

14. — Neptune et Minerve foudroyant Ajax.

POUSSIN (NICOLAS).

15. — Une bonne copie du tableau connu sous le titre des *Bergers d'Arcadie.*

PRUD'HON (PIERRE-PAUL).

16. — Le Songe de la vie. Accompagnés de l'Amour et de l'Hymen, deux amans ont confié leur destinée à la Fortune qui les conduit dans une légère nacelle sur le fleuve de la vie. *jolie esquisse — M.. Mayer a fait un tableau d'une moitié de*

+ 17. — La Sagesse et la Vérité descendant sur la terre *cette composition* pour dissiper les ténèbres dont elle est couverte : première pensée d'un plafond qu'on voit dans le château de Saint-Cloud. *jolie esquisse dont le tableau est déjà ruiné.*

OSTADE (ADRIEN VAN). *T. environ 15 p de diam —*

18. — Une petite figure peinte sur bois.

REMBRANDT.

19. Un philosophe appuyé sur son bâton.

ROBERT (HUBERT).

20. — Femmes lavant du linge sous l'arche d'un pont.

ROOS (PHILIPPE) dit Rose de Tivoli.

21. — Une villageoise faisant paître des chèvres.

22. — Un pâtre au milieu de son troupeau. — Ces deux tableaux font pendans.

RUBENS (P. P.)

23. — L'adoration des mages. Fort belle esquisse, sur laquelle il est de notre devoir d'appeler l'attention des amateurs. *joli.*

THIBAULT.

24. — Vue prise en Italie : étude peinte d'après nature.

25. — Autre étude représentant un maronnier.

TYSSENS (Pierre.)

26. — Portrait d'enfant en bas-âge. Il est représenté en pied avec un petit chien à côté de lui.

Ce portrait a quelque ressemblance, du côté du coloris, avec ceux de Van-Dyck.

VANLOO (Jacques.)

27. — Apollon poursuivant Daphné.

VOUET (Simon.)

28. — La vierge, Marie pressant tendrement son divin fils entre ses bras.

MAITRES INCONNUS.

29. — Deux paysages. Bons tableaux de décoration.

30. — Un petit tableau peint sur cuivre, représentant les quatre âges. On regrette que la figure de la femme ait été endommagée.

DESSINS ENCADRÉS ET EN FEUILLES.

AUBRY.

31 — Agamemnon et Briseis.

BELANGER (Louis).

32. — Douze vues de paysages, .ports de mer, des-sinées d'après nature.

BOISSIEU.

33. — Paysage lavé à l'encre de la Chine. *joli.*

34. — Autre paysage avec fabriques situées sur le bord d'un fleuve. *clair, joli!*

35. — Dessin exécuté à l'encre de la Chine, mêlée d'un peu de sanguine.

36. — Un vieillard représenté nu-tête, les mains jointes et à mi-corps.

CARAFE.

37. — La Sagesse s'efforçant vainement de retenir l'Innocence que le Plaisir entraîne vers un abîme.

DUMOUTIER (Daniel).

38. — Portrait, aux deux crayons, de Mlle de Mont-pensier, en 1609.

GREUZE.

39. — Dessin représentant une femme qui tient un enfant.

GUERCHIN.

40. — Deux têtes.

HENNEQUIN.

41. — Paysage représentant une vue d'Italie.

LAFAGE (Raimond).

42. — Sujet historique.

LAGRENÉE.

43. — Dessin rehaussé d'or et imitant un bas-relief. Il représente une victoire au milieu d'un trophée d'armes.

LANTARA.

44. — Deux paysages dessinés à la pierre noire.

LEBRUN.

45. — Le baptême de Saint-Jean.

46. — Le Père éternel.

47. — La Présentation au Temple.

48. — La Circoncision.

49. — Des enfans jouant au Colin-Maillard.

LE GUIDE.

50 — Deux têtes.

LOUTHERBOURG.

51. — Des animaux.

LUCATELLI (André).

52. — Paysage exécuté à la plume et au lavis.

MÉNAGEOT.

53. — Une Sainte-Famille.

NICOLE.

54. — Deux dessins coloriés : Vue du *Campo Vaccino* vue de l'église et de la place Saint-Pierre à Rome.

NOEL.

55. — Marine avec effet d'orage : peinture à la gouache.

PANINI (J. P.).

56. — Vue dessinée en Italie.

POUSSIN (N.).

57. — Jésus faisant la cène avec ses apôtres.

PRUD'HON (Pierre-Paul).

58. — Le triomphe d'un guerrier. Il est placé sur un char entre la Victoire et la Paix; les Jeux et les Ris le précèdent; à sa suite, viennent les Muses, les Sciences et les Arts. M. Moreau a fait, d'après ce beau dessin, une estampe lithographiée.

59. — Le séjour de l'Immortalité : composition inspirée par l'école d'Athènes de Raphaël.

60. — Vénus et Adonis.

61. — L'Innocence entraînée par l'Amour et le Plaisir et suivie par le Repentir.

62. — Le couronnement de Racine.

63. — Une scène de la tragédie d'Andromaque de Racine.

64. — La Philosophie, les Arts, la Richesse et le Plaisir : quatre dessins. Le dernier, exécuté par M. Moreau, d'après la peinture originale, était nécessaire, pour faire connaître l'ensemble d'une décoration que les musées des souverains envieront un jour, au simple salon dont elle fait aujourd'hui l'ornement.

65. — La Vigilance représentée par une femme as-

sise devant un dévidoir surmonté d'une lampe allumée.

66. — Jésus attaché sur la croix.

67. — La Sagesse et la Force, figurées par une Minerve debout entre deux lions.

68. — Paysage avec chûte d'eau.

69. — Une figure académique.

Loin d'avoir été gâté par trop d'éloges, Prud'hon ne recueillit, de son vivant, que la moindre partie de ceux qui étaient dus à son beau talent. Encore, combien de fois n'eût-il pas le chagrin de s'apercevoir que la voix de ses antagonistes étouffait celle de ses admirateurs. Il y a eu, en effet, des hommes qui, passant sous silence les éminentes qualités qui élèvent les productions de cet artiste au rang de celles des grands maîtres, ont pris à tâche de n'y chercher que des fautes, et même les ont grossies, parce qu'il est difficile à la passion de se renfermer dans les bornes de la vérité.

Aujourd'hui qu'on ne se dissimule plus qu'il y a plusieurs routes à choisir dans la carrière de la peinture, et plusieurs sortes de gloire à y acquérir, on est généralement plus juste envers Prud'hon. Non seulement on lui pardonne de n'avoir pas dirigé ses études vers le même point que David, on convient encore que, par la douceur de son pinceau, par le prestige de son coloris, par ses têtes pleines de sentiment, par certaine grâce enfin qui séduit et captive, il a su répandre un charme infini sur ses ouvrages, et leur imprimer le cachet de l'originalité. Le Corrége n'eut rien de commun avec Raphaël dans la partie intellectuelle de leur art ; cependant le Corrége partage avec Raphaël et le Titien la gloire d'avoir répandu sur la peinture le plus grand éclat dont elle ait brillé depuis sa renaissance.

Nous ne reléverons pas le mérite qui distingue les dessins de Prud'hon qui font partie de la collection de M. Brunet. Ce serait, après ce que nous venons de dire, un soin bien superflu. Mais il est à propos d'observer que ceux qui sont inscrits sous les n.ᵒˢ 58 et 59, sont reconnus pour être les plus capitaux que ce peintre ait exécutés, et ceux peut-être où il a donné le plus de preuves de son génie.

RAPHAEL (style de).

70. — Caïn et Abel offrant des sacrifices au Seigneur.

BUMEAU.

71. — Vue intérieure d'une salle de bain en Turquie : Dessin colorié qui fut exposé au salon de 1808, sous le N.ᵒ 542.

THÉOLON.

72. — Dessin au crayon, exécuté avec beaucoup d'esprit.

THIBAULT.

73. — Vue des cascatelles de Tivoli : dessin colorié à l'aquarelle.

VAN-DYCK (genre de).

74. — Portrait d'homme.

VERNET (Joseph).

75. — Pêcheurs sur le bord de la Méditerranée ! dessin à la sanguine.

(PAR UN PEINTRE HOLLANDAIS.)

76. — Dessin colorié, représentant une marine.

DESSINS

EXÉCUTÉS D'APRÈS D'ANCIENS MAITRES ET GRAVÉS DANS LE MUSÉE FILHOL.

BOURDON.

77. — D'après GAZOFILO; la sainte famille.

78. — D'après SUBLEYRAS; saint Benoit ressuscitant un enfant.

DESENNES.

79. — D'après NICOLAS POUSSIN, les aveugles de Jéricho.

GRÉGORIUS.

80. — D'après CLAUDE GELÉE, dit LE LORRAIN; un paysage.

LE ROY.

81. — D'après NICOLAS POUSSIN; une bacchanale.

82. — Ruth dans le champ de Booz.

83. — D'après RAPHAEL; la vierge de Foligno.

84. — Le sommeil de l'enfant Jésus.

MARCHAIS.

85. — D'après AL. VÉRONÈSE; scène du déluge.

86. — Jésus caressant sa mère.

PLONSKI.

87. — D'après Terbuch; la leçon de musique.

SWEBACH.

88. — D'après Isaac Ostade ; paysage avec effet d'hiver.

VASSEROT.

89. — D'après le Lorrain; vue du *Campo Vaccino*, à Rome.

RECUEIL DE DESSINS EN FEUILLES.

SILVESTRE (Israel.)

90. — Un volume de dessins à la plume représentant des vues de maisons royales, châteaux, hôpitaux, jardins, etc.

ESTAMPES.

91. — La transfiguration, gravée par Mörghen, d'après Raphaël.

92. — Plusieurs volumes de gravures, par le Pautre, représentant des plans, élévations et perspectives de différens édifices, des ornemens de tout genre.

93. — Plusieurs épreuves de l'estampe lithographiée, par M. Moreau, d'après le dessin de Prud'hon, qui est inscrit ci-devant au numéro 58.

SCULPTURE.

EN MARBRE.

93. bis — Vénus aphrodite. Statue antique de la hauteur de

La déesse est représentée un moment après sa naissance. Ses premiers regards errent autour d'elle avec surprise; son premier sentiment est celui de la pudeur; elle se fait un voile de ses mains virginales. A ses pieds est un enfant affourché sur un dauphin. Cet enfant, que les Grecs nommaient Éros, est, suivant Hésiode, l'amour primitif qui débrouilla le cahos et s'attacha à suivre les pas de Vénus. Le dauphin est le symbole de la mer, élément au milieu duquel naquit la déesse.

L'attitude de cette charmante figure est empruntée de l'attitude, si heureuse, de la Vénus de Cléomène, ce chef-d'œuvre si connu sous le nom de la Vénus de Médicis; là se borne l'imitation. On y remarque au reste une telle excellence de formes et de travail que tous les connaisseurs au jugement desquels on l'a soumise, n'ont point paru douter qu'elle n'ait été exécutée par un ciseau grec dans les beaux jours de l'art.

94. — Satyresse montrant une grappe de raisin à un enfant renversé sur le dos à côté d'elle.

EN TERRE CUITE.

Par Clodion.

95. — Deux bacchantes et un satyre.

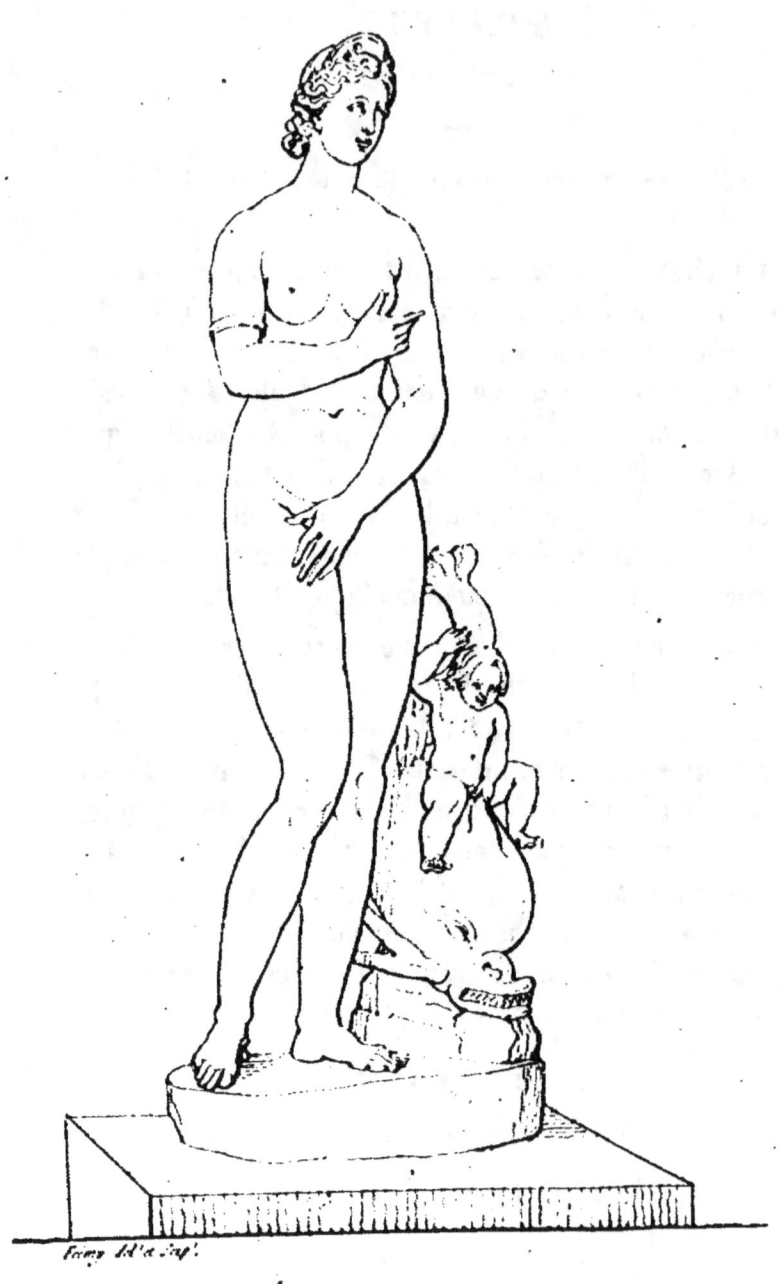

VÉNUS ANTIQUE.

96. — Un satyre accompagné de deux enfans et tenant une corbeille de fruits.

97. — Une satyresse avec deux enfans, l'un sur ses genoux, l'autre étendu à ses pieds. Ce groupe sert de pendant au précédent.

98. — Deux groupes, l'un et l'autre composés de satyres dansant avec des bacchantes.

99. — Une femme caressant son enfant. Ce groupe est posé sur un socle de porphyre avec ornemens de cuivre doré.

100. — Trois petits faunes. Chacune de ces figures a un socle de marbre veiné noir et blanc.

101. — Trois petites figures de prêtresses du culte payen.

Par MARIN.

102. — Une satyresse avec deux enfans sur ses genoux.

103. — Autre femme jouant de la flûte pour amuser deux enfans qui sont près d'elle.

104. — Une bacchante assise et appuyée sur un vase.

105. — Autre figure de bacchante.

106. — Modèle pour une boîte de pendule. Il représente l'Innocence entraînée par l'Amour, et s'avançant vers le Temps qui lui montre un serpent caché sous les fleurs.

107. — Bas-relief exécuté par François Flamand et représentant des enfans.

108 — Une petite figure d'Hercule enfant. Elle est posée sur un socle de marbre noir et blanc et fait suite aux faunes inscrits sous le N°. 79.

BRONZES.

109. — Petite figure d'Antinoüs, bronze florentin, d'après François Flamand, avec socle de porphyre, orné d'un tore et d'une plinthe de cuivre doré.

110. — L'Amour couronné de roses, petite statue posée sur un piédestal de marbre veiné, noir et blanc.

111. — Femme se tirant une épine du pied, figurine qu'on croit être antique.

MEUBLES CURIEUX.

112. — Deux perroquets de porcelaine de Saxe avec garnitures de cuivre doré formant chandeliers à deux branches.

113. — Deux autres perroquets de porcelaine avec montures de cuivre doré formant aussi des girandoles à trois branches.

114. — Une pendule marquée du nom de *Perrin*, et dont le mouvement est posé à découvert sur un socle de *Boule*, orné sur le devant d'un bas-relief de cuivre doré.

115. — Un paravant de laque à hauteur d'appui.

116. — Un autre paravant de laque, à plus grands panneaux.

117. — Deux commodes de laque, dont une avec dessus de marbre de Flandres.

118. — Une commode en bois d'érable, ornée de bouquets de fleurs peints par *Prevost*.

119. — Deux corps de bibliothèque ornés de la même manière.

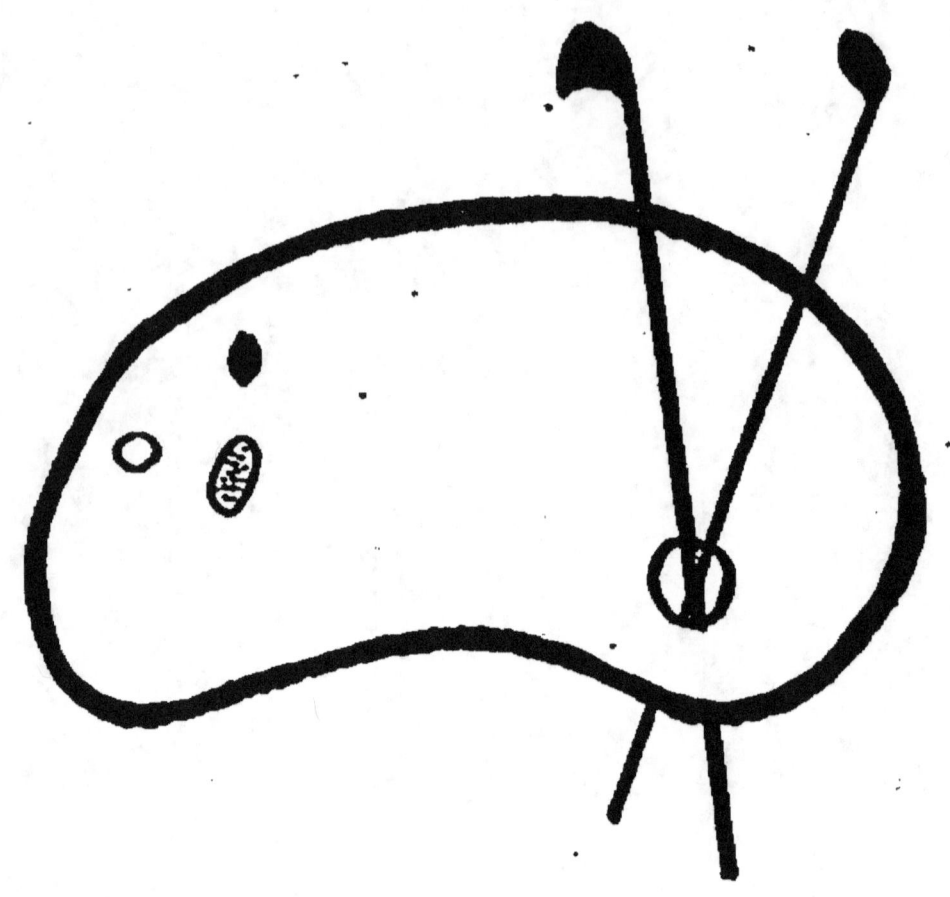

www.ingramcontent.com/pod-product-compliance
Lightning Source LLC
Chambersburg PA
CBHW030126230526
45469CB00005B/1828